Karl Lehmann

JESUS CHRISTUS
UNSERE HOFFNUNG

KARL LEHMANN

JESUS CHRISTUS UNSERE HOFFNUNG

Meditationen

Herder
Freiburg · Basel · Wien

Imprimatur. – Freiburg im Breisgau, den 8. März 1976
Der Generalvikar: Dr. Schlund
Freiburger Graphische Betriebe 1976
ISBN 3-451-17605-X

Vorwort

Die überaus freundliche Aufnahme des Meditations-Bändchens „Jesus Christus ist auferstanden“, das vor Ablauf eines Jahres nach seinem Erscheinen eine zweite Auflage erfahren durfte, hat den Verfasser ermuntert, eine weitere Folge ähnlicher Versuche zusammenzustellen. Sie umspannen Jesu Christi Weg von der Passion bis zu seiner Erhöhung.

Die einzelnen Meditationen werden – wie sich nachträglich herausstellt – trotz ihres unterschiedlichen Ursprungs (vgl. die „Hinweise“) durch ein gemeinsames Thema zusammengehalten: Jesus Christus erweist sich gerade in seiner Passion und Auferstehung als die unzerstörbare Hoffnung der Welt. Die Betrachtung über die Emmaus-Erzählung wurde auf Grund einer Predigtskizze eigens für diesen Band geschrieben. Die übrigen drei Beiträge sind bereits veröffentlicht. Sie wurden für die vorliegende Veröffentlichung nochmals gründlich durchgearbeitet, gelegentlich auch inhaltlich erweitert und mit Zwischentiteln versehen. Es gehört zur Eigenart von Meditationen, daß sie meist nur einen Gedanken umkreisen. Dieser ist nicht das ganze Geheimnis,er bezeugt vielmehr dessen unerschöpflichen Reichtum. Wer mehr Aussagen besonders zum Verständnis der Auferstehung Jesu Christi sucht, darf auf die Meditationen „Jesus Christus ist auferstanden“ verwiesen werden.

Herrn Franz Johna vom Verlag Herder und meinen Mitarbeitern am Dogmatischen Seminar der Universität Freiburg i. Br., besonders Herrn Albert Raffelt und Frau Rita Paret, gebührt auch diesmal vielfältiger Dank für bewährte Hilfe bei der Drucklegung.

Februar 1976 *Karl Lehmann*

Inhalt

I

Gelitten unter Pontius Pilatus, gekreuzigt, gestorben und begraben

Im Gesamtzusammenhang der Aussagen des Apostolischen Glaubensbekenntnisses über Jesus Christus hat der Artikel „Gelitten unter Pontius Pilatus, gekreuzigt, gestorben und begraben" ein eigentümliches und darum bedenkenswertes Profil. Es lohnt sich, in diesen knappen, gedrängten, sich steigernden Zeitworten der „Deutung" der Passion und des Todes Jesu Christi nachzugehen.

Größte Sparsamkeit

Vergleicht man diese Aussagenreihe mit den übrigen Elementen des Glaubensbekenntnisses, so fällt die Sparsamkeit in der theologischen Entfaltung auf. Keine der biblischen Deutungen des Todes Jesu wird ausdrücklich erwähnt. Weder ist die Rede vom Erleiden des Prophetengeschicks noch – im Lichte des mit den Augen der Christusoffenbarung gelesenen Alten Testaments – von einer göttlichen Notwendigkeit des Todes Jesu. Kein Wort fällt von der Heilsbedeutung dieses Todes: als Sühne, als Opfer, als Stellvertretung, als Zahlung des Lösegeldes für unsere Vergehen. Am nächsten läge wenigstens die Aufnahme der Aussage, daß Jesus „für viele" (Markus 14,24) oder für uns (vgl. Lukas 22,20) gestorben ist. Damit wäre jedenfalls noch eine ferne Andeutung auf das Abendmahlsereignis erfolgt. Statt dessen wird mit äußerster Nüchternheit und großer Sorgfalt die Reihenfolge der Ereignisse um das Ende Jesu betont. Die dicht beieinander liegenden Aussagen hämmern nicht nur nachdrücklich und beinahe monoton den blutigen Ernst und die unübersehbare Größe dieses Leidens ein, sondern die einzelnen Stufen des Geschehens zielen auf das zentrale Bekenntnis des *Todes* Jesu: „Gelitten unter Pontius Pilatus, gekreuzigt, gestorben und begraben". Leiden und Kreuz unterstreichen vorbereitend die

Gewaltsamkeit dieses Todes, die Rede vom Begräbnis bedeutet seine endgültige Besiegelung.

„Unter Pontius Pilatus“

Relativ fremd und überraschend ist bei dieser Knappheit die Bestimmung „gelitten *unter Pontius Pilatus*“ – übrigens der einzige Zusatz zu den Verben. Diese Fremdheit hat sich bis heute in einer volkstümlichen Redensart erhalten: Wenn jemand unerwartet und unzuständig dazwischentritt oder mit einer Sache zu tun bekommt, kann man hören: „Der kommt hierher wie der Pontius Pilatus ins Credo.“ In der Tat ist es verblüffend, daß dieser harte und rücksichtslose römische Statthalter einen Platz im Glaubensbekenntnis der Kirche zugewiesen bekam. Ein jüdischer Zeitgenosse, der Philosoph und Theologe Philo von Alexandrien, schreibt, die Amtsführung des Pilatus habe aus „Bestechlichkeit, Gewalttätigkeit, Räubereien, Mißhandlungen, Beleidigungen, fortgesetzten Hinrichtungen ohne Gerichtsverfahren, fortwährender, unerträglicher Grausamkeit“ bestanden. Die Christen des 2. Jahrhunderts haben sich in vielen phantasievollen Legenden mit der Figur des Pilatus beschäftigt, in denen er als Repräsentant des Römischen Reiches Zeugnis für Jesus Christus ablegt oder auch wegen der Hinrichtung Jesu bestraft wird. Unser Bekenntnis ist jedoch äußerst zurückhaltend und erinnert am ehesten an eine knappe Glaubensformel im ersten Timotheusbrief (6, 13), wo es im Zusammenhang einer Mahnung für den Vorsteher der christlichen Gemeinde heißt: „Ich gebiete dir bei Gott, von dem alles Leben kommt, und bei Jesus Christus, der vor Pontius Pilatus das gute Bekenntnis abgelegt hat ...“

Heil in der Geschichte

Man hat gelegentlich auch vermutet, der frühe und heftige Kampf gegen Irrlehren, welche die wahre Menschlichkeit und Leidensfähigkeit Jesu Christi in Zweifel zogen (Doketismus), habe die Einfügung der Gestalt des Pontius Pilatus in das Credo bewirkt oder wenigstens angestoßen. In solcher Zuspitzung kann diese Deutung nicht bewiesen werden. Mag das Glaubensbekenntnis in seinen Formulierungen auch die Spuren mancher theologischer Auseinandersetzungen bergen, das Credo ist dennoch nicht unmittelbar polemisch. Im Kern hat jedoch die geäußerte Vermutung durchaus etwas für sich. „Gelitten unter Pontius Pilatus ..." ist nämlich sicher nicht nur eine äußere, kalendermäßige Zeitangabe. Vielmehr bezeugt sich darin das Bewußtsein, daß die Erzählung von den Heilsereignissen in der konkreten Geschichte wurzelt. „Man brauchte ein Datum, um an ihm herauszuarbeiten, daß diese Ereignisse nicht irgendwo oder irgendwann geschahen und daß das Evangelium nicht nur ein Ideengebinde ist ... Ohne daß es jemand in Worten aussprach, erkannte der Instinkt der Kirche die Notwendigkeit eines geschichtlichen Bezugsrahmens" (John N. D. Kelly). „Unter Pontius Pilatus" war die endgültige Form, in der sich diese geschichtliche Bindung des christlichen Heils kristallisierte.

Einfachheit, die verlegen macht

Die gewöhnliche Auslegung dieses Glaubensartikels kommt damit an ein vorläufiges Ende und auch in eine innere Verlegenheit, die sich in vielen Deutungen offenbart. Man ist der Überzeugung, daß die einzelnen Aussagen vom Leiden, von der Kreuzigung, von Tod und Begräbnis keiner weiteren Erörterung bedürfen. Oder aber man verläßt relativ rasch die einfache Prägnanz des Credo und wendet sich einer ausführlichen Entfaltung der *Heils*bedeutung des Todes Jesu zu, wie eingangs erörtert wurde. Wir versuchen einen anderen Weg zu gehen, der nämlich näher bei der nüchternen Konzentration des Glaubensbekenntnisses bleibt, ohne daß wir uns allerdings auf eine nur historische Beschreibung dieser Ereignisse beschränken. Auch diese geschichtliche Reihenfolge „gelitten – gekreuzigt – gestorben – begraben" steht im Dienst der Heilsverkündigung, damals und heute.

Konzentration des Lebens Jesu

Man kann überrascht sein, wie wenig vom irdischen Jesus im Apostolischen Glaubensbekenntnis steht. Empfängnis und vor allem Geburt markieren den Anfang, Leiden und Tod das Ende dieses Lebens. Dazwischen scheint nichts erwähnenswert zu sein von dem, was wir heute an Jesu Menschlichkeit besonders betonen: sein Auftreten in Vollmacht, die Berufung der Jünger, die Wunder, das grenzenlose Erbarmen, die neue Gerechtigkeit der Bergpredigt, die Streitgespräche mit den Gegnern, die Zuwendung zu Kindern und zu den Verlorenen am Rand der damaligen Gesellschaft, das Abendmahl. Alles wird in einem äußersten Maß auf den Anfang und noch mehr auf die Vollendung von Jesu Werk und Person zusammengedrängt. Hier im Kreuz soll sich offenbaren, *wer* er war und *was* er bedeutet.

Angemessene Sprache

Das Credo redet an dieser Stelle in biblischer Sprache, denn die Evangelien und auch die Schriften des heiligen Paulus sind von solchen kurzen Bekenntnisformeln und ihren Splittern geradezu durchsetzt: „Der Menschensohn wird den Menschen ausgeliefert, und sie werden ihn töten; doch drei Tage nach seinem Tod wird er auferstehen" (Markus 9,31), Jesus Christus, „der für sie [alle] starb und auferweckt wurde" (2. Korintherbrief 5,15c). Insgeheim besteht auch noch eine tiefe Übereinstimmung zwischen den knappen Credo-Aussagen und der Schilderung des dramatischen Verlaufs von Jesu Weg nach Golgota: Gerade der Kreuzigungsvorgang wird bei den Evangelisten mit den sparsamsten Worten und unter Verzicht auf alle Ausmalung berichtet. Diese Kargheit ist jedoch nicht Zeichen eines Mangels, sondern möchte aufmerksam machen auf das alles Entscheidende.

Konflikt auf Leben und Tod

Das Leben Jesu und ineins damit seine Botschaft wurde mehr und mehr ein Konflikt auf Leben und Tod. Jesu Auslegung des ursprünglichen Willens Gottes und sein Rückgriff hinter die verkrusteten Gesetze und die verknöcherten Ordnungen auf das im Anfang der Schöpfung von Gott Gemeinte (vgl. zum Beispiel Markus 10,6), seine Solidarität mit den von den Frommen geächteten Menschengruppen – aus solchem Verhalten sollte eine gefährliche Situation entstehen, die Jesus nicht naiv übersehen konnte. Den Römern und seinem Landesherrn in Galiläa war Jesus durch seine öffentliche Botschaft vom nahenden Königtum zweifellos unbequem und suspekt. Auch ein im strengen Sinn unpolitisches Ereignis, wie zum Beispiel Jesu aufsehenerregender Einzug in Jerusalem, mußte wohl den Machthabern politisch gefährlich erscheinen. Noch zugespitzter wurde seine Situation aber durch die im Kern wohl geschichtliche Symbolhandlung nach Art der großen Propheten, mit der er den Tempel reinigte (Mattäus 21, 12ff). Ein solches Verhalten mußte in den Augen der Jerusalmer Hierarchie und der Pharisäer als frevelhafte Anmaßung im Heiligtum erscheinen und zu einer ernsthaften Lebensbedrohung werden. Jesus mußte also – darüber sind sich heute die Exegeten weitgehend einig – ernsthaft mit der Möglichkeit eines gewaltsamen Endes rechnen.

Vollendungsgewißheit

Wenn Jesus nicht naiv in diese Situation hineinglitt, sondern die Konsequenzen zum Beispiel seiner Tempelaktion bewußt auf sich nahm, dann hat er wohl auch eine Deutung dieses Schicksals gesucht. Es gibt eigentümliche Rätselworte, die bildhaft eine im einzelnen unbestimmte und doch im ganzen unbestreitbare Vollendungsgewißheit seines Wirkens zum Ausdruck bringen (vgl. Lukas 13,32ff), wie zum Beispiel das Zeichen des Jona (vgl. Lukas 11,30). Darum ist es auch nicht ausgeschlossen, daß ein Wort wie Markus 10,45 wenigstens in seinem Grundsinn auf den irdischen Jesus zurückgeht: „Denn auch der Menschensohn ist nicht gekommen, um sich bedienen zu lassen, sondern um zu dienen und sein Leben als Lösegeld für viele hinzugeben." Die Abendmahlshandlung verstärkt die Überzeugung, daß Jesus sich jedenfalls nicht nur passiv in sein Geschick gefügt hat, sondern dieses vielmehr aktiv in sein Verhalten aufgenommen hat. Die Hingabegesten des letzten Abendmahles sind den Jüngern sicher erst im nachösterlichen Licht voll in ihrer Bedeutung aufgegangen, aber sie knüpfen zugleich an das Verhalten des irdischen Jesus an, der sich besonders dem Verlorenen zuwendet und sein eigenes Dasein für die Bedrängten zum Einsatz bringt. Dieses unbedingte und grenzenlose, ganz in der Sendung Jesu vom Vater her begründete und gehaltene Dasein *für* die bedrohten Menschen – „Proexistenz“ nennt man es heute mit einem nicht gerade schönen Wort – ist ja trotz aller Wandlungen und Brüche nicht etwas total anderes als die Hingabegesten des Abendmahls oder die Aussagen, daß Jesus Christus „für uns“, „für unsere Sünden“ gestorben ist.

Qualitative Stufung

Wie immer die Antworten auf schwierige exegetische Einzelfragen lauten, soviel dürfte gewiß sein: Wenn die Schrift und – im Anschluß an sie – das kirchliche Glaubensbekenntnis vom Leiden und vom Tod Jesu sprechen, dann konzentriert sich darin der Sinn und die Richtung des Wirkens Jesu, ja sogar seine Sendung. Darum ist mit der Nennung von „gelitten unter Pontius Pilatus, gekreuzigt, gestorben und begraben“ nicht bloß eine dürre Kette einzelner äußerer, sogenannter „historischer“ Begebenheiten gemeint, sondern in dieser qualitativ sich steigernden Stufung ist der ganze Sinn und die Vollendung der Person und des Werkes Jesu zum Ausdruck gebracht.

Fiasko?

Eine solche Deutung macht das Verständnis Jesu nicht leichter. Denn hier geht es ja nicht um einen gewaltsamen Tod nach einem erfolgreichen und glücklichen Leben. Der Tod erscheint zunächst einmal als das absolute Ende seines Weges. Hatte einer mehr der Menschheit verheißen als dieser Prophet? Gab es ein größeres Fiasko als den Tod in der schändlichsten Hinrichtungsart, den die alte Welt kannte?

Der Abgrund der Sendung

Wir brauchen hier nicht die einzelnen Stationen dieses Weges zum Kreuz zu erzählen. Schon ihre Namen offenbaren genügend die Leidensgeschichte: der schmähliche Verrat, die Verhaftung, die Flucht der Jünger, der Prozeß, die Verurteilung zum Tod, die Verhöhnung, die Geißelung, der Weg nach Golgota, die Kreuzigung. Und was ist das für ein Tod? Von sokratischer Heiterkeit, innerer Freiheit, Überlegenheit und Gelassenheit vor dem Tod hören wir nichts, dafür wird eine abgrundtiefe Verlassenheit von den Menschen, auch den allernächsten, und schließlich von Gott selbst berichtet. Es war ein alles abbrechender, brutaler und entwürdigender, in der Grausamkeit des Leidens und der Ohnmacht verstummender Tod. Dieser Tod brachte Jesus auch bis an den Abgrund seiner Sendung, denn der nächste und reinste Zeuge Gottes wird von Gott selbst im Stich gelassen.

Das Maß des Leidens

Dennoch darf man diesen Tod nicht von seiner Grausamkeit und von seiner Einsamkeit her beurteilen. Eine quantitative Aufrechnung der Quälereien hilft noch nicht viel, um seine Bedeutung zu erfassen. Der gewaltlose Jesus strebte nicht nach politischer Macht, sondern trat nur für den ursprünglichen Willen Gottes und die dadurch ermöglichte Freiheit des Menschen ein. Nur das Leben und Wirken Jesu macht deutlich, was das Kreuz dieses Einen von allen großen und kleinen Kreuzen der Weltgeschichte unterscheidet. Das Leid Jesu darf nicht auf das Ausmaß seines menschlichen Leidens allein beschränkt werden.

Gott und die Passion

Hier drängt sich die Frage auf, ob die innere Spannung der Leidensaussagen des Credo durchgehalten wird. Sie werden schließlich – schon zu Beginn des christologischen Abschnitts – von Jesus Christus als dem eingeborenen Sohn des Vaters und von ihm als dem Herrn der Welt und der Geschichte gemacht. Ohne diesen Kontrapunkt wird dem Bekenntnis zum Leiden und zum Tod Jesu der innere Stachel genommen, der die ganze Geschichte in Atem hält. „Gott" wird sonst gedacht als der Allmächtige, der dem Leid und Schmerz der Menschenwelt himmelhoch entrückt bleibt. Seine Göttlichkeit besteht gerade darin, daß er in seliger Selbstgenügsamkeit und also abgeschieden von Ungerechtigkeit und Tod für sich selbst thront. Und nicht selten wird die notvolle und leidvolle Welt als Schatten und Schein abgetan. Aber gerade da hinein kommt Gott in Jesus Christus. Gott selbst offenbart sich am tiefsten in der Selbsterniedrigung, in der Schonungslosigkeit und in der grenzenlosen Hingabe seines Sohnes am Kreuz. Gott wird aus freier Liebe das Gegenteil seiner selbst, nämlich indem er die Sünde, die Verlorenheit und die Gottverlassenheit einholend in sich hineinnimmt. Darum kann Gott auch *unendlich* leiden, und nur aus diesem „geschichtlichen" Wesen Gottes heraus kann man einen „vollkommenen" Gott mit Leid und Tod zusammendenken.

So wird auch verständlich, daß nicht allein das Ausmaß des Leidens zählt, sondern daß und wie die *alles* – auch den Tod – umgreifende Liebe dem Schmerz allererst Sinn und Richtung gibt. Gott hat nicht Freude am Schmerz und am Leiden als solchen. Das Erste und Letzte ist die sich überschreitende und weggebende Liebe, der Schmerz und die Qualen sind für sich kein Eigenes. Aber wo die Welt von der Selbstsucht, vom „Raub" für sich selbst, von der Ungerechtigkeit und vom Tod gekennzeichnet ist, muß die Liebe Gottes die Gestalt des Schmerzensmannes annehmen. Indem der lebendige Gott seinen Sohn nicht schont, sondern in die Hände der Menschen ausliefert, widerfährt ihm dieses Geschick. Das Weizenkorn, das nicht in die Erde fällt und stirbt, bringt keine Frucht.

Niedrigkeit und Hoheit

Diese Spannung – eine Umwertung allen Gottdenkens – zwischen dem Leid und Gott muß aufrechterhalten werden. „Wir dagegen verkündigen Christus als Gekreuzigten: für Juden ein Anstoß, für Heiden eine Torheit“ (1. Korintherbrief 1,23). Wer diese Offenbarung Gottes im Kreuz Jesu erkennt, lernt das Wort „Gott“ neu zu buchstabieren. Dies bedeutet aber auch, daß Jesu Leiden und Kreuz erst von Gott her verständlich werden. Immer wieder werden wir einen neuen Anlauf nehmen müssen, um den vollen Ernst dieses Leidens Gottes festhalten zu können. Gregor von Nyssa versucht dies in seiner „Großen katechetischen Rede“ auf folgende Weise: „Zunächst ist der Hinabstieg der allmächtigen Natur zur Niedrigkeit des menschlichen Daseins ein größerer Machtbeweis als die größten und am meisten über die Naturkräfte hinausgehenden Wunder. Denn daß die Kraft Gottes etwas Großes und Erhabenes wirkt, entspricht gewissermaßen der Natur Gottes und ist notwendig ... Der Abstieg aber zum Niederen ist Zeichen seines überfließenden Reichtums, seiner

Macht, die selbst in dieser widernatürlichen Lage nicht behindert werden kann ... Weder die Größe des Himmels noch der Glanz der Gestirne, noch die Anordnung des Alls und der auf weite Sicht angelegte Plan der Dinge zeigen diese Macht so eindrucksvoll wie die Herablassung zur Schwäche unserer Natur. Wir sehen hier, wie die Erhabenheit, in der Niedrigkeit verweilend und in der Niedrigkeit geschaut, von ihrer Höhe nicht abfällt, wie die Gottheit, die sich mit der menschlichen Natur vereint, dieses wird und jenes bleibt."

Endgültigkeit des Todes

Es ist leicht begreiflich, zerstört aber von Grund auf das ganze Gewicht dieses Ereignisses, wenn man den Tod Jesu irgendwie verharmlost und von vornherein zu einem im Endergebnis längst vorhersehbaren Erfolg Gottes umbucht. Darum ist es gut, wenn das Credo die Feststellung des „gestorben" verstärkt und ergänzt durch den Hinweis auf das Begräbnis Jesu. Hingerichtete werden sonst abseits, ohne Totenklage und Leichenzug verscharrt. Zu dieser letzten Schande kommt es durch das mutige Eintreten des Josef von Arimatäa nicht, der den Leichnam des verstorbenen Jesus erbittet. Das Begräbnis unterstreicht die Unwiderruflichkeit und Endgültigkeit des Todes. Das Grab ist das Siegel des Todes. Damit wird nochmals mit einer letzten Betonung deutlich, daß es sich nicht um eine mythische Wiederkehr derselben Naturereignisse oder um eine kosmisch verbrämte Dialektik immerwährenden Heils handelt – „dies nun geschah niemals, ist aber immer“, sagt Sallust im Blick auf den Mythos, der im Attiskult gefeiert wird.

Der Ernst der Menschwerdung

Gott berührt nicht nur spielerisch die Zeit, sondern er *wird* „Fleisch“, geht in die Geschichte ein und unterwirft sich den – wie sich zeigt – auch für ihn grausamen Gesetzen der Menschen. Zur Selbsterniedrigung Gottes gehört diese einmal entschiedene Entäußerung. Das Heil Gottes erscheint mitten in der Zeit, nicht in unzugänglich-unvordenkbaren Anfängen des Mythos und auch nicht in ewig verheißener und doch nie erfüllter Zukunft. Darum ist der scharfe Akzent unentbehrlich, den der Zusatz „gelitten *unter Pontius Pilatus*" in das Credo gebracht hat: Er markiert unüberhörbar das konkrete Ankommen Gottes im Leid der Geschichte und den Ernst seines Mitleidens mit aller Kreatur.

Bedeutung für uns – richtig gefragt

Von daher muß auch die Frage beantwortet werden, was denn diese Botschaft *heute* bedeutet. Schon diese Frage ist nicht ohne eine tiefere Problematik. Denn es gehört mit zur Struktur und zum Sinn eines Glaubensbekenntnisses, daß es weniger von *unseren* Fragen und Nöten her entworfen ist, sondern uns helfen möchte, endlich einmal von uns wegzublicken, damit in Lob und Anbetung Gottes Großtaten und seine Herrlichkeit vor uns erstehen. Das Credo ist weder ein dogmatisch-doktrinäres Kompendium noch ein existentielles Lebensprogramm. Seine Sparsamkeit und seine Prägnanz kommen nicht zuletzt aus der Gebärde des lobpreisenden Gebets, darin der Mensch selbst im Schließen der Hände einfach wird. Auch und gerade wo die

Aussagen so nüchtern sind wie in unserem Artikel, darf man den Ursprung des Credo im Bekenntnis und in der gottesdienstlichen Feier (Doxologie) nicht vergessen.

Bekenntnis: Treue als Bewährung

Aber auch ein Glaubensbekenntnis ist bei aller Ehrwürdigkeit des Alters und aller Verbindlichkeit seines Inhalts nicht vor formelhafter Erstarrung geschützt. Wenn der in Bekenntnis und Lob verborgene Anspruch nicht wahrgenommen wird, verliert das Credo die provokatorische Spitze des Evangeliums. Darum bedarf es der „Verifikation" in unserem Leben. Schon Paulus und die Evangelisten achten die überkommenen Glaubensbekenntnisse gerade dadurch, daß sie die Formeln – unbeschadet eines wörtlichen Festhaltens an ihnen – im jeweiligen Kontext radikal auf das konkrete Leben der Gemeinde und des Christen beziehen. Dies hat die Kirche insofern immer beachtet, als das Credo in der Verkündigung und in der Glaubensunterweisung stets neu ausgelegt wurde. Vergißt man also nicht die in der Anbetung und im Lobpreis wurzelnde heilige „Zwecklosigkeit" des Glaubensbekenntnisses, dann darf getrost nach seiner „Relevanz" für die Bewältigung des Alltags im Geiste Jesu Christi gefragt werden.

Folgende Anweisungen für unser Leben scheinen in unserem Glaubensartikel „gelitten unter Pontius Pilatus, gekreuzigt, gestorben und begraben" heute besonders dringlich zu sein:

1. Wir Menschen können den Gerechten nicht ertragen.

Die Frage, wie es wohl einem ganz und gar gerechten Menschen in der Welt ergeht und was für ein Los ihm beschieden ist, hat Plato vierhundert Jahre vor Jesus Christus in einer denkwürdigen Vorahnung beschäftigt. Das Ergebnis seines Nachdenkens ist, daß der absolut Gerechte den Schein der Ungerechtigkeit auf sich nehmen müsse, unbewegt vom öffentlichen Gerede und bis zum äußersten zur Gerechtigkeit stehend. Der wahrhaft Gerechte wird in dieser Welt ein verfolgter und verkannter Gerechter sein. „Sie [das sind diejenigen, welche die Ungerechtigkeit vor der Gerechtigkeit loben] sagen aber dies, daß der so gesinnte Gerechte gefesselt, gegeißelt, gefoltert, an beiden Augen geblendet werden wird und zuletzt, nachdem er alles mögliche Übel erduldet, wird er noch ans Kreuz geschlagen werden..." Der wahre Gerechte wird von der Welt, d.h. von uns ans Kreuz geschlagen, weil wir die Wahrheit, die Gerechtigkeit und die Liebe nicht wollen. „Ecco homo", dies ist die Wahrheit über den Menschen, daß die Welt den einzig Gerechten ausstößt, verhöhnt und beseitigt. Das Kreuz offenbart den Menschen, wie er rücksichtslos im Kampf seinen eigensinnigen Erfolg sucht, wie er seine Ideen durchsetzt, wie er die Wahrheit verdreht und dann auch noch seine Unrechtsgeschichte zur Heldentat umschreibt. Das Kreuz reißt uns schonungslos diese Larve und andere Lebensmasken herunter.

2. *Gott identifiziert sich bis in die letzten Abgründe des Scheiterns und der Vergeblichkeit mit dem Menschen.*

Die Leidensgeschichte Jesu zeigt nicht nur den Spiegel des Menschen, sondern offenbart das unerschöpflich tiefe Absteigen Gottes zu uns. Gott nimmt in seinem Sohn das menschliche

Versagen und die menschliche Vergeblichkeit an. Das Kreuz ist das Realsymbol dafür, daß Gott auch dem unverdienten Scheitern in dieser Welt nicht ausweicht. Alle Abgründe menschlicher Schwäche hat er durch den unendlichen Raum seines göttlichen Leidenkönnens unterfaßt, indem er sie bis in die letzten Konsequenzen durchlitten und ausgekostet hat. Dadurch ist allen Möglichkeiten des menschlichen Scheiterns, vor allem dem Tod, der Stachel gezogen. Gerade in dieser Hinsicht gilt ein Grundsatz der alten Vätertheologie: Was Jesus Christus einmal angenommen hat, dies wurde auch erlöst.

Darum kann der Christ zur kreatürlichen Vergeblichkeit, zur Widrigkeit des Bösen und auch noch zur Macht der Sünde ein eigenes Verhältnis gewinnen: nichts davon beschönigen oder verharmlosen; mutig und offen wirkliches Scheitern wahrnehmen und faktische Schuld bekennen; das Unvermeidliche annehmen im noch größeren Bewußtsein, daß die Mächte des Bösen insgeheim schon gebrochen sind. Zur Nüchternheit des Blicks für die unverstellte Realität gehört freilich zugleich die Identifikation mit dem, was verloren ist. Denn es kann in der Erfahrung des Kreuzes für den Menschen nichts geben, was absolut verloren ist (ausgenommen das Böse schlechthin). Dieses Geheimnis der Erlösung kann niemand durchschauen, aber es kann ungeahnte Kräfte zur Bewältigung von Not und zur Minderung des Leidens wecken.

3. *Nur das Kreuz kann unsere ewige Selbstbehauptung aufheben und einen wahrhaft brüderlichen Lebensraum schaffen.*
Identifikation und Solidarität sind große Ziele, aber sie bleiben stets durch unsere Tendenz zur Selbstbehauptung und zum Egoismus gefährdet. Das Kreuz entlarvt darum alle naiven und erst recht unheiligen Gestalten von sogenannter „Solidarität". Eine Nächstenliebe, die nicht durch das Kreuz aus ihrer stetigen Selbstbezogenheit aufgebrochen wird in die unbegrenzte Weite des Anderen, hat keinen langen Atem, resigniert bald und fällt in sich zusammen. Die schonungslose Offenlegung unserer Selbstbehauptung zeigt, daß alle Bemühungen um die Liebe selbst erlösungsbedürftig sind. Nur wer durch die Überschreitung seiner selbst in die törichte Liebe aus dem Geiste Jesu Christi eingeübt

ist, wird von jener letzten Offenheit, unbeirrbaren Gelassenheit und wahren Selbstlosigkeit getragen, ohne welche „Mitmenschlichkeit" auf die Dauer kaum möglich ist.

4. *Das Kreuz ist das Zugehen Gottes auf uns; daraus ergibt sich unser Zuvorkommen und unsere Vergebungsbereitschaft dem Anderen gegenüber.*

Das Leiden und der Tod Jesu Christi haben alle Sühne- und Genugtuungsvorstellungen der Menschheit in eine tiefe Krise gebracht. Nicht der Mensch versöhnt Gott durch eine ausgleichende Gabe, sondern Gott macht in seiner Liebe den ungerechten Menschen gerecht. Gott wartet nicht, bis die Sünder kommen, sondern tut – wie im Gleichnis vom verlorenen Sohn (vgl. Lukas 15,20f) – den ersten Schritt. Es ist jene Liebe, die sich selbst weggibt und für das Verlorene in die Bresche springt. Ähnliches gilt darum für den Jünger Jesu Christi, der gerade in unheilvollen Verhältnissen einen Vertrauensvorschuß erbringen soll, wo vielleicht nur Grund zum Mißtrauen und zur Skepsis gegeben ist. Freilich, auch eine solche Überwindung seiner selbst kann auf unerbittlichen Widerstand stoßen. Rasch kann man am Kreuz vielfältiger tödlicher Interessen zerrissen werden. Vergebungsbereitschaft, ohne Grenzen und Bedingungen, ist das einzige, was dann bleibt. Zur Kreuzesnachfolge gehört auch, daß man bisweilen wie ein Lamm unter die Wölfe geschickt wird.

5. *Jesu Tod bricht die unbedingten Ansprüche politischer Herrschaft.*

Die im Sinne Jesu ausschließlich verstandene Herrschaft Gottes bringt jeden Absolutheitsanspruch einer politischen Herrschaftsordnung in die Krise. Am Kreuz Jesu tritt der Gegensatz zwischen den Ansprüchen politischer Macht und der Wahrheit am meisten hervor. Der absolute Anspruch der politischen Macht ist auch dadurch gebrochen, daß Jesus sich in seinem Gewissen nicht von ihr binden ließ. Wer das Zeugnis der Wahrheit höher schätzt und Gott mehr gehorcht als den Menschen – Johannes der Täufer, die frühen Christen im Widerstand gegen den Kaiserkult, Thomas Morus und viele andere sind Beispiele dafür –, weist die Anmaßung einer absoluten Herrschaft des Politischen über den Menschen zurück. Indem dies mit dem Einsatz des konkreten Lebens bezeugt wird, werden der Rang *und* vor allem auch die Grenze des Politischen neu entdeckt.

6. Wer an Jesus Christus glaubt, muß nicht allein sterben.
Die Menschen sterben auch nach dem Sieg Jesu über diesen letzten Feind des Menschen grauenvolle Tode. Die Gewalt des Todes ist aber insofern überwunden, als niemand mehr in vollendeter Selbstabschließung und im Verlust aller Lebensbezüge sterben muß. Dadurch daß Jesus unser Sterben in seinen Tod aufgenommen hat, verlor unser Sterben seine Hoffnungslosigkeit und seine Trostlosigkeit. In Gemeinschaft mit Jesus und mit seinem Tod muß niemand mehr allein sterben, auch wenn sich alle im Angesicht des Todes aus dem Staub machen. Der Erstgeborene von den Toten ist der Anführer zum Leben für seine Brüder.

Ausschwingenlassen der Wahrheit

Damit sprechen wir insgeheim schon von dem neuen Leben, das in Jesu Christi Auferstehung erschienen ist. Die Leidensaussagen und der Bericht vom Tod Jesu hätten nicht jenes Licht in die Abgründe des menschlichen Daseins gebracht, wenn dieses Leben im Tod geblieben wäre. Im Credo darf am Ende kein Glaubensartikel für sich isoliert werden, sonst würde er unwahr. Jedoch hat jede Aussagenreihe auch wiederum ihren eigenen Ton und ihre unverwechselbare Wahrheit. Vielleicht ist dies heute im Blick auf Kreuz und Tod Jesu sogar besonders notwendig. Wenn wir nicht geduldig bei diesem Glaubensartikel verweilen, dann besteht die Gefahr, daß wir auch die Auferstehungsbotschaft mißverstehen. Vordergründiger Triumphalismus und falsche Verklärung des Leidens wären das Ergebnis, vorbei an der Bitterkeit des Kreuzes, am Ernst des Todes und am Leid der Welt. Das Kreuz Jesu ist nicht nur Durchgangsphase. Der auferstandene Herr behält seine Wundmale, und die Herrlichkeit des Auferweckten reicht in dieser Welt so weit, wie weit ihm seine kreuztragenden Jünger dienen. Das Apostolische Glaubensbekenntnis geht auch nach diesem Artikel „gelitten unter Pontius Pilatus, gekreuzigt, gestorben und begraben“ nicht einfach über zur Auferstehungsverkündigung, sondern lotet ein letztes Mal die volle Dimension des Todes Jesu aus, indem es bekennt: „Hinabgestiegen in das Reich des Todes“.

II

Licht vom äußersten Ende der Finsternis

Wir feiern das Gedächtnis des Todes Jesu Christi am Karfreitag und jubeln über seine Auferstehung an Ostern. Aber wir sind hilflos, wenn es um das Geheimnis des Karsamstags geht. Bestenfalls spricht man von der „Grabesruhe“ des Herrn und – etwas unbestimmt – von der tiefen Verborgenheit Gottes an diesem Tag. Das wahre Mysterium, das Karfreitag und Ostern vermittelt, macht uns, wie die langjährige Arbeit der christlichen Kirchen an der deutschen Neufassung des Apostolischen Glaubensbekenntnisses zeigte, schon beim Übersetzen Schwierigkeiten: „Abgestiegen in die Hölle“ oder – wie wir heute beten – „hinabgestiegen in das Reich des Todes“. Kaum einer spricht und predigt gern darüber, weil der Anlauf zu diesem Geheimnis über so viele uns fremd gewordene Vorstellungen führt und nach getaner Kärrnerarbeit die noch verbleibende Auslegung nicht selten dürftig ist.

Zahllose Schwierigkeiten

Fassen wir die Schwierigkeiten kurz zusammen: Im Neuen Testament steht nichts direkt vom Karsamstag. Die dafür am ehesten in Frage kommenden Stellen (1. Petrusbrief 3,19; 4,6; Römerbrief 10, 7; Apostelgeschichte 2, 14ff; Mattäus 12,39–41) sind ausnahmslos schwer zu deuten. Die Sehnsucht der Menschen nach einem Leben über den Tod hinaus hat mit ihren verschiedenen Erwartungsbildern und redseligen Mythen schon früh auf die Gestaltung und das Verständnis der Aussage vom Abstieg Jesu in das Totenreich eingewirkt. Wo das Geheimnis groß ist, drängt die Übermacht des Mythos besonders heftig an. Die phantasievollen Höllenfahrten und Unterweltsreisen, wie sie uns in den von der Kirche amtlich nicht übernommenen apokryphen Schriften des 2. Jahrhunderts erzählt werden (z.B. Petrus- und Thomasapokalypse, Nikodemusevangelium), beweisen es genügend.

Spätere Versuche, die Höllenerfahrung Jesu mystisch oder sogar psychologisch nachzuvollziehen, haben die Sache nicht viel besser gemacht. Aus der altkirchlichen Theologie blieb zumeist die Deutung, daß Jesus im Totenreich mit den Mächten des Bösen kämpft, den Gerechten des Alten Bundes das Evangelium bringt und sie tauft, daß er die gefangenen und gequälten Menschen und Geister befreit und den „Abstieg" mit einem machtvollen Sieg durch die Äonen aufsteigend beendet. Das ganze Reich des Todes und des Satans ist ihm nun unterworfen. Ein nicht ungefährlicher Triumphalismus des endgültigen Siegers lebt in dieser Theologie des Höllenabstiegs. Andere Dimensionen, welche die Erfahrung des Chaos und das Erleiden äußerster Verlassenheit betonten, blieben eher verborgen.

Erst in der zweiten Hälfte des 4. Jahrhunderts kam dieser Glaubensartikel als relativ späte Hinzufügung in das Credo. Heute ist er aufgrund seiner Herkunft und der Verständnisschwierigkeiten für viele zu einem Musterbeispiel notwendiger „Entmythologisierung“ geworden. Was dabei in den meisten Fällen übrigbleibt, sind neue Enttäuschungen und Trümmer. Wo aber ist ein bleibender Kern, der uns neue Einsicht in die Mitte dieses denkwürdigen Geheimnisses geben kann?

Gestorbensein ist mehr als Tod

Die Theologie des Kreuzes scheut sich, voreilig und rasch den schändlichen Tod am Galgen in die Glorie der Auferstehung hinein zu übersteigen. Jesus, der sich in engster Nähe zum Vater wußte, stieß den Schrei des Gottverlassenen aus. Er ist wirklich tot. Viele Ereignisse der Passion und ihre Erzählungen hämmern die Endgültigkeit dieses „Faktums“ nachdrücklich ein: der Todesschrei, das durchbohrte Herz, die Kreuzabnahme, die Grablegung. Alles in seiner Weise jeweils ein unbestechliches Siegel des Todes. Besonders von Paulus wissen wir, wie sehr der Tod Jesu nicht nur äußerers Schicksal, sondern zugleich die verborgene Erfüllung des Lebens Jesu Christi bedeutet. Wie Jesus sich in seinem irdischen Verhalten für die Armen und Verlorenen einsetzte, so steigert sich seine Solidarität mit allen Menschen in der Symbolhandlung des letzten Abendmahls und ganz besonders in der Ganzhingabe seines Lebens am Kreuz. Diese Konzentration des gesamten Daseins Jesu auf den Hingabeakt der letzten Stunde ist grundsätzlich richtig, kann aber da gefährlich und einengend werden, wo die ganze Existenz Jesu und die volle Bedeutung seines Todes in diesem Augenblick allein zusammengerafft und auf ihn beschränkt werden. Darum gehört zur vollen Aussage des letzten Schicksals Jesu für die Schrift und den Glauben der Kirche nicht nur der Tod. Im *Totsein* erreicht Jesus vielmehr vollends den Nullpunkt menschlicher Existenz.

Dimensionen des Totenreiches

Gestorben*sein* bringt zum Tod noch etwas hinzu. Und hier entfaltet die Bibel das volle Maß des Sterbens, durch das der Tod in seiner Härte und in seiner Rätselhaftigkeit festgehalten wird. Der Aufenthalt der Toten, das „Totenreich“, ist die „Grube“; zu ihm gehören Finsternis, Schweigen und Staub. Es gibt darin kein Wirken und kein Leben. Alle Bezüge nicht bloß zur Welt und zur Geschichte der Menschen, sondern auch zu Gott, sind abgeschnitten. Im Totenreich lobt niemand Gott. Darum sind die Toten in diesem Land des Vergessens, das manchmal wie ein Gefängnis beschrieben wird, Schatten von Kraftlosigkeit, wie am Rande des Nichts. Angst und Grauen, Einsamkeit und Verzweiflung sind menschliche Grunderfahrungen im Leben, die solche Situationen des Gefangenseins durch die Todesnacht vorwegnehmen.

Besonders anschaulich spricht darüber das Buch der Weisheit, wenn es von den Frevlern sagt: „Denn auch nicht der Schlupfwinkel, der sie barg, bewahrte sie vor Furcht...; keines Feuers Gewalt vermochte Licht zu verbreiten, auch nicht die strahlenden Flammen der Gestirne konnten jene grauenhafte Nacht erhellen... Die Possen der Zauberkunst versagten, ebenso der äußerst schmähliche Tatbeweis für ihr Prahlen mit Wissen. Denn sie, die versprechen, Ängste und Schrecken von der kranken Seele zu bannen, erkrankten selbst an lächerlicher Furcht... So lagen jene in dieser wahrhaft machtlosen Nacht, die aus den tiefsten Winkeln der machtlosen Unterwelt herausgestiegen war, im nämlichen Schlafe wie sonst; doch wurden sie bald von gespenstischen Ungeheuern gejagt, bald gelähmt durch Preisgabe des Mutes; denn plötzliche und unerwartete Furcht kam über sie. Und so wurde, wer immer gerade dort war, zusammensinkend festgehalten und in diesem Kerker ohne Riegel eingesperrt" (17,4–15).

Der Mensch mag – wie schon in diesen Versen und zu allen Zeiten – die verschiedenen Höllenvorstellungen „entmythologisieren". Was damit gemeint ist, ist ihm nicht entflohen, sondern durch brutale Kriege, grenzenlose Hartherzigkeit, bodenlose Verzweiflung und das unüberwindbare Chaos sowohl in der Geschichte als auch in seinem Innern vielleicht noch nähergerückt. Wo ist mehr Höllenerfahrung als in der modernen Dichtung bei Baudelaire, Beckett und Solschenizyn?

Das Ausmaß der Unheilserfahrung

Der Abstieg in das Totenreich bedeutet für Jesus, daß er in der Erfahrung vollkommener Einsamkeit und Finsternis den bitteren Becher seines Leidens bis zur Neige austrinkt. Dieser Weg bedeutet für ihn vollkommene Selbstentfremdung, denn das Reich des Hades ist fern von Gott, ja sogar widergöttlich. Da Jesus hier das volle Maß der Gottferne ausleidet, ist auch über die Gottverlassenheit am Kreuz hinaus seine Solidarität mit den hoffnungslos von Gott getrennten Sündern am engsten. Darum müssen im Unterschied zur nur triumphalistischen Interpretation des Höllenabstiegs Jesu Christi das ohnmächtige Ausgeliefertsein, das Erreichen äußerster Wirklosigkeit, das Erleiden der Gottferne der Verdammten und überhaupt das wehrlose Verfügtsein in diesen letzten Gehorsam neu entdeckt werden, wie es uns heute Hans Urs von Balthasar, der große Theologe der „drei Tage", wieder lehrt.

Jesus erfährt das Chaos der ganzen Welt. Hier haben alle Schreckensbilder menschlicher Unheilserfahrungen ihr fragmentarisches Recht: das ewige Feuer, die verschlingenden Fangarme der Meeresungeheuer, stürzende Felsen, endlose Geräusche, zischende Schlangen. Jesus schaut das Chaos tiefer als alle Visionen der Hölle. Er lotet die „Tiefen Satans" (vgl. Offenbarung 2, 24) in ihrer Bodenlosigkeit aus, weil er als der Sohn des Vaters die Macht des Bösen ganz anders erfährt als die übrigen. Nur ein Ich, das so nahe bei Gott ist – „meine Speise ist es, den Willen dessen zu tun, der mich gesandt hat" –, kann bis auf den Grund erfahren, was es wirklich bedeutet, von Gott verlassen und verdammt zu sein. In dieser vollkommenen Schwäche und Verlassenheit erweist Jesus das äußerste Maß seines freiwilligen Gehorsams und seiner unbesiegbaren Liebe. Jetzt erst wird sichtbar, wie auch noch der Abstieg in die Hölle eine letzte Konsequenz der Ganzhingabe an den Vater ist. Darum kann man mit Recht sagen, daß Jesus das Totsein radikaler und tiefer erleidet als irgendein gewöhnlicher Mensch. Nichts anderes will die Bildrede vom „Höllenabstieg" zur Sprache bringen.

Vom Grenzstein des Todes zum Leben

In dieser Situation äußerster Erniedrigung erhalten auch das Böse und das Dämonische neue Konturen. Erst wo Gott sein tiefstes Wesen als bis zum äußersten entschlossene Liebe offenbart, tritt die vor Jesus noch in vieler Hinsicht verhüllte Macht des Bösen offener hervor. Erst wo das Übermaß von Gnade erfahrbar wird, zeigen sich der wahre Abgrund und die wirklichen Folgen der „Ursünde“. Erst wo das ganze Ausmaß der Herrschaft des Todes durchlitten wird, erweist sich die letzte Tiefe der Gottverlassenheit. Darum kann es im Alten Testament folgerichtig noch nicht mit der Entschiedenheit, die wir suchen, eine „Ursünde“ oder eine „Hölle“ geben, weil erst Jesu Abstieg in die unermeßlichen Tiefen der Welt und des Menschen diese verlorene Wirklichkeit voll offenbart hat.

Entschlossene Liebe bis zum äußersten ist die einzige „List“ Gottes, welche das Reich des Bösen besiegt. Jesus Christus ist nur der Sieger über die Hölle und den Tod, weil er in letzter Ohnmacht und in vollkommener Schwäche, aber dies ganz aus Liebe, den „Kampf“ mit den Mächtigeren auf sich nimmt. Darum erschrickt der Tod und schreit bei Jesu Eintritt in sein Reich: „Wer ist es, der lebendig in meine Wohnung eintreten darf?“ (Nikodemusevangelium). Hier liegt das tiefste Geheimnis dieses Streites zwischen Leben und Tod. „Da im Erreichen der äußersten Entfremdung Gott sich selbst als der

Allmächtige erwiesen hat, der auch in der Nichtidentität seine Identität, in der Verlorenheit sein Beisichsein, im Totsein sein Leben zu wahren vermag, kann die Auferstehung Christi und aller von ihm Geretteten als innere Folge seiner Karsamstagserfahrung betrachtet werden“ (Hans Urs von Balthasar).

Weil Jesus, verborgen vom Vater gehalten, in seinem unendlichen Leiden und in seinem unvergleichlichen Totsein die letzten Tiefen erreicht, umgreift er zugleich das Reich des Todes und wirft einen lichtend-gründenden Anker in die Bodenlosigkeit des Höllenabgrundes. In ungeahnter Weise wird das alte Hoffnungswort wahr: „Denn du wirst meine Seele nicht dem Totenreich [der Scheol] überlassen und deinen Frommen die Grube nicht schauen lassen“ (Psalm 16,10; Apostelgeschichte 2,14ff). Die alle Schmach der Sünde tragende Liebe Gottes hat in Jesu Christi Passion die größere Geduld gegen alle jene Mächte behalten, die *nur* „siegen“ wollten und mit dem Erfolg purer Macht rechneten.

Heimholung der Schöpfung

Darum hebt nun im Abstieg Jesu verhüllt die Gegenbewegung an. Der Gewalt des Bösen ist eine Grenze gesetzt. Der Gekreuzigte ist im Besitz der „Schlüssel des Todes und der Unterwelt" (Offenbarung 1,18). Vom äußersten Ende der Dunkelheit und der Einsamkeit her leuchtet das Licht Jesu Christi auf. Und genau an diesem Punkt wird die Rede vom Abstieg Jesu in das Totenreich unverzichtbar für die christliche Verkündigung von Auferstehung und Erlösung. Alle Bereiche der Schöpfung werden in Jesu Tod einbezogen. Selbst die verirrten Engel und die gefangenen Dämonen rücken in das helle Licht, das den ursprünglich guten Sinn der Schöpfung schlagartig wieder aufleuchten läßt. Indem Jesus den Abgrund von Leid und Schuld ausleidet, kommt zugleich die ganze Geschichte von Heil und Unheil zur Erscheinung.

Rettung des Menschen

Er bleibt nicht der einsame Sieger, der nach vorne in seine Herrlichkeit davonflieht. Im Höllenabstieg Jesu wird die vergangene Geschichte der Menschheit mit ihrer ungesühnten Schuld und ihren vergeblichen Toden unabweisbar präsent: Unverleugbar wird an das ergangene Unrecht, das nichtgesühnte Leid und an das verborgen geglückte Leben des gequälten Gerechten erinnert. Der Höllenabstieg ist ein Beweis dafür, daß der Tod Jesu über den gedrängten Augenblick des Sterbens am Kreuz hinaus eine universale Heilsbedeutung in sich trägt, der die ganze bisherige Geschichte einholt. Die Solidarität ist nicht nur den Eingeweihten oder den Zeitgenossen zugedacht, sondern unbegrenzt geht es „nach vorne" und „nach rückwärts" nur um die Heimholung des verlorenen Menschen und aller Kreatur.

Macht und Ohnmacht des Siegers

Derjenige, der die Schuld der Welt auf sich genommen, braucht nichts wegzulügen vom Unrecht und von der Lieblosigkeit in der Menschheitsgeschichte. Unabweisbar wird dies alles in den äußersten Zonen seines Todes gegenwärtig. Dennoch ist das Böse in seiner ungebrochenen

Macht grundsätzlich besiegt. Das ganz Unwahrscheinliche und menschlich Un-mögliche ist geschehen: Ungerechtigkeit und Tod behalten ihre volle Realität, werden nicht zu unvermeidlichen Belanglosigkeiten erklärt. Zugleich werden sie jedoch in Jesus Christus in unbegreiflicher Weise unwiderrufliche Vergangenheit: „Ich *war* tot, aber siehe, ich lebe in alle Ewigkeit“ (Offenbarung 1,18). Tod ist nicht mehr dasselbe, seitdem Jesus ihn angenommen und bis in seine letzte Ferne und äußerste Bedrohung ausgelitten hat. „Verschlungen ist der Tod im Sieg“ (1. Korintherbrief 15,54). Darum ist nun auch Tod noch Leben. Weil Jesus der unzertrennliche Gefährte unserer letzten Einsamkeiten werden wollte, darum leuchtet sein Sieg noch in die äußerste Finsternis hinein. Es gibt keine Einsamkeit mehr, der diese Liebe nicht begegnen kann. Die Hölle ist überwunden, seitdem die Liebe auch in das Reich des Todes eingetreten ist. Aber nur der geschundene Jesus Christus ist der Retter seiner geschundenen Brüder, der vielen Namenlosen. Er hat für sie alle in seinem unendlichen Leiden einen Sieg erstritten, den ihnen sonst niemand zu geben vermochte.

Der einzig erfahrene Richter

Auch der auferstandene Herr bleibt der Durchbohrte. Es kommt gerade alles darauf an, daß die Jünger den erscheinenden Kyrios als den Gekreuzigten erkennen. Dies gilt auch für das Richteramt Jesu Christi, in dem er eine Macht ausübt, welche von innen her um die Not und den Schmerz, die Hilflosigkeit und die Schmach der Ohnmacht weiß. „Das Erfahrenhaben aller Formen der Sünde und Verlorenheit am eigenen Leib gibt ihm die höchste Kompetenz als Richter und zwingt doch seine Majestät und Freiheit keineswegs, sein Urteil in einer bestimmten Richtung fällen zu müssen. Die von ihm zu Richtenden können aus seiner Ohnmachtsgestalt, seiner Solidarität mit den Sündern und Verlorenen die Hoffnung auf Gnade schöpfen, aber keineswegs den Ausgang des Gerichts im voraus ableiten" (Hans Urs von Balthasar). Die theologische Tradition sagt, daß diejenigen, die um seinetwillen alles verlassen und verloren haben, seine Mitrichter sein werden.

Ostern und das Geheimnis des Höllenabstiegs

Niemand kann ausmessen, was dieses Wort „hinabgestiegen in das Reich des Todes" im letzten heißt. Man kann die Sache vielleicht auch ohne das Bildwort vom „Höllenabstieg" sagen. Man wird jedenfalls alle Mythisierungen von ihm fernhalten müssen. Aber das Mysterium bleibt. Die Fremdheit der Rede kann sogar, wird sie bedacht, ein hilfreicher Hinweis dafür sein.

Wir brauchen in besonderer Weise die Gottesfinsternis dieses Karsamstags. Das Bild, das wir immer wieder von Gott formen und in das wir ihn hineinzuzwängen versuchen, muß im Ärgernis des Abstiegs in die Hölle geläutert, vielleicht sogar zerbrochen werden und kann nur aus dem Abgrund der Verborgenheit Gottes wieder in seiner Herrlichkeit erscheinen. Ostern braucht den Karsamstag als bleibendes inneres Element. Wo uns die Tiefe des Todes Jesu nicht im Glauben einleuchtet, ist das Mißverständnis von Ostern fast unvermeidlich: *Er* stehe nur in unsere eigenen Sehnsüchte und Wünsche hinein auf. Ohne den welt- und geschichtsumfassenden Abgrund seines Todes und seines Leidens hat auch die Auferstehungshoffnung nicht ihre volle Kraft der Erlösung. Der Auferstandene trägt auf ewig die Mahnmale von Schmerz und Tod an seinen Händen und in seiner Herzwunde, daraus allein das Leben der Welt entspringt. Der „Höllenabstieg" hält diese Einsicht fest, erweitert ihre Dimensionen und vertieft sie.

III

Die Emmaus-Erzählung

Die Ostergeschichte von der Wanderung der beiden Jünger mit dem unbekannten Fremden (Lukas 24,13–35), der sich nachträglich als der Auferstandene erweist, gehört zu den schönsten und eindrucksvollsten Erzählungen des neuen Testaments. Merkwürdigerweise ist sie trotz vieler einzelner Anläufe als ganze exegetisch nicht oft untersucht worden.

Kontext und Aufbau

Die Emmaus-Erzählung ist mit ihren 22 Versen die längste Ostergeschichte. Sie nimmt die Hälfte des Osterkapitels bei Lukas ein. Ihr kunstvoller Aufbau ist unbestritten. Die Erzählung ist von einer großen Geschlossenheit, darf darum aber nicht vom übrigen Osterkapitel bei Lukas abgetrennt und nur aus sich gedeutet werden. Lukas, der „Maler" – wie ihn die Überlieferung nennt –, nimmt alle ihm zur Verfügung stehenden erzählerischen Gestaltungsmöglichkeiten zu Hilfe: lebendige Szene, Menschen in Aktion, sparsame Mittel, dramatische Wechselrede, verhaltene Spannung.

Einzigartigkeit in Form und Struktur

Dieser Erzählungscharakter hat nicht selten zu einer Vereinfachung der literarischen Kennzeichnung dieser Geschichte geführt, indem man sie als „Legende" bezeichnete. Diese Bestimmung zielt auf die literarische Form und will an sich keine Aussage über den Wirklichkeitsgehalt machen. Zweifellos trägt die erzählerisch schönste aller Ostergeschichten legendenhafte und novellenartige Züge. Gleichwohl kann man bei näherem Betrachten einen hohen Anteil von Verkündigungselementen nicht übersehen. Unter ihnen lassen sich bekenntnishaft-katechetische Gehalte und eine große Vielfalt theologischer Aspekte entdecken. Die Emmaus-Erzählung ist darum nicht nur eine „schöne Legende“, sondern die innere Vielfalt dieser Erzählung zeugt zugleich von einem – wie sich noch zeigen wird – schon sehr entfalteten Glaubensdenken.

In dieser Eigenart fällt die Emmaus-Erzählung gleichsam aus dem Rahmen der sonstigen Ostergeschichten. Sie enthält nämlich keine Sendungs- und Auftragsworte. Sie zielt auch nicht in erster Linie auf das „Wiedererkennen“ des Auferstandenen, seine Identifikation mit dem irdischen Jesus. So sperrt sie sich letztlich gegen alle Harmonisierungsversuche mit den übrigen Ostergeschichten. Vermutlich liegt in der Einzigartigkeit dieser Erzählung mit ein entscheidender Grund, warum sie in der Schriftauslegung oft eine gewisse Vernachlässigung erfahren hat. Dies ist ein um so größerer Ansporn, ihr nun genauer nachzudenken. Dabei können freilich nur einige wenige Grundzüge erfaßt werden.

Aufbruch von Jerusalem

Zwei Jünger verlassen am Ostersonntag Jerusalem. Der Name des einen wird beiläufig mit

Kleopas angegeben (V. 18). An Namen liegt dem Evangelisten jedoch nicht viel. Wichtiger ist die Zugehörigkeit zum weiteren Jüngerkreis Jesu. Sie sind unterwegs in das Dorf Emmaus (wobei bis heute nicht geklärt ist, welcher Ort von verschiedenen geographischen Möglichkeiten gemeint ist). Sie reden miteinander über „alle diese Ereignisse“: Jeder weiß, worüber man in diesen Tagen in Jerusalem und Umgebung spricht.

Das Hinzutreten des Unbekannten

Mitten in dieses gemeinsame Reden und Erwägen tritt nun ein unbekannter Wegbegleiter. Er wird von den beiden Jüngern nicht erkannt. Dieses Nicht-Erkennen gibt der Geschichte das Spannungsmoment, das erst in Vers 31 gelöst wird. Es ist Jesus. Er wird in eigentümlicher Weise gegenwärtig. Er „erscheint“ nicht eigentlich, so daß er sofort erkannt werden könnte. Er tritt unscheinbar hinzu und wandert mit. Vergleicht man Jesu Ostererscheinungen mit Furcht und Schrecken (vgl. V. 37) als Begleitphänomenen, so fällt der Unterschied deutlich auf: Sein Kommen ist ganz alltäglich. Unwillkürlich wird man an die Geschichten von Hagar (Genesis 16,7ff) und von den drei Männern erinnert, die den Abraham besuchen (Genesis 18,1ff). Öfter begegnet einem in der Religionsgeschichte ein solches Motiv: Gott geht in menschlicher Gestalt und unbekannt als Wanderer mit. Gibt er sich zu erkennen, ist er plötzlich schon wieder verschwunden.

Menschen, die denselben Weg gehen, finden rasch zueinander und werden Weggefährten. Man spricht am schnellsten von den letzten Neuigkeiten.

Die Jünger sind unfähig, den Auferstandenen zu erkennen. Ihre Augen sind gehalten, wie die Schrift sagt. Dem Mitwandern des Unbekannten entspricht dieses Unvermögen der beiden Jünger. So bleibt das Ganze in einem spannungsvollen Schwebezustand von beiden Seiten her. Der Dialog in den Versen 17 und 18 bringt dies zum Ausdruck.

Enttäuschte Hoffnung

Jesus tritt zur rechten Zeit an die Jünger heran. Ihr Disput ist nämlich hoffnungslos geworden.

Sie berichten dem Unbekannten von „Jesus von Nazaret, der ein Prophet war, mächtig in Tat und Wort vor Gott und vor dem ganzen Volk“, von seiner Auslieferung an die Hohenpriester und Machthaber zur Vollstreckung der Todesstrafe und von seiner Kreuzigung. „Wir aber hofften, daß er es sei, der Israel erlösen werde“ (V. 21a). Man spürt geradezu die enttäuschte Hoffnung und die matte Resignation in diesen Zeilen. Die Jünger sind nicht nur enttäuscht, weil die jüdischen Gegenspieler Jesu den Sieg davongetragen haben. Die Hoffnungslosigkeit liegt tiefer: Er war nicht der große Befreier, weil er gestorben ist. Sein Tod bewies, daß man sich in der Person irrte. Der Messias kann nicht einer sein, der leidet oder gar stirbt.

Das Bekenntnis der Jünger zu Jesus Christus ist nicht falsch, aber es ist unvollkommen. Der Vergleich Jesu mit einem Propheten, der im Volk besonders beliebt war, trägt nur bis zu einem gewissen Grad. Hier steigert sich der Kontrast: Der traurige Vorwurf, vereint mit Enttäuschung über das eigene Hoffen, wird an den mitwandernden Auferstandenen gerichtet.

Verstärkter Kontrast

Lukas steigert die Spannung des Weggesprächs nochmals, indem er die Grabesgeschichte in den Bericht der Jünger einflicht (V. 21 b–24). Er wiederholt damit nur, was er zu Beginn seines Osterkapitels in den Versen 1 bis 9 schon erzählt hat. Aber er gibt damit der Dramatik des Weggesprächs noch einen größeren Nachdruck: Auch nach seinem Tod gab es noch „Aufregung" (V. 22), aber die Hoffnung blieb enttäuscht. Der Kontrast kommt nochmals auf einen Höhepunkt: Die Engel sagten den Frauen, daß „Jesus lebt" – die Jünger „selbst aber fanden ihn nicht" (V. 23–24). So wird der unwissende Fremde über das endgültige Schicksal Jesu belehrt. Würde es der Ernst dieser Erzählung nicht verbieten, man möchte diese „Belehrung" des Auferstandenen durch die beiden Jünger geradezu tragikomisch nennen: die „Komik" im Ganzen erhöht nur den Kontrast.

Verklammerung mit dem ganzen Evangelium

Die Wiederaufnahme der Grabesgeschichte innerhalb des lukanischen Osterkapitels hat noch eine weitere Aufgabe. Sie verklammert die unterschiedlichen Überlieferungen der Ostergeschichte. So ersteht im Bericht der beiden Jünger an den unbekannten Fremden in geraffter und prägnanter Form das ganze „Evangelium". Nicht zufällig hat man verschiedene Ausführungen des Weggesprächs mit Zusammenfassungen der Passion in den Evangelien und mit Bekenntnisformeln verglichen, so z. B. Lukas 24, 20 mit Markus 10, 33, Lukas 24 (bes. 26, 20, 27 und 32, 34, 21, 34, 33 und 36ff) mit dem ersten Korintherbrief 15, 3b–5.

Der Zugang zum Ostergeheimnis

Hinter dieser gedrängten Wiedererzählung der Ereignisse um Passion und Auferstehung steht für Lukas jedoch eine tiefe theologische Einsicht, die der gesamten Emmaus-Erzählung schließlich ihre Pointe geben wird. Die Jünger sind unfähig, den Auferstandenen zu erkennen. „Erkennen" ist dabei nicht identisch mit bloßem „Wissen" um die Ereignisse des Leidens und der Auferweckung Jesu. Das Faktum des leeren Grabes, nicht einmal die interpretierenden Engelsworte und auch nicht die Bestätigung durch Petrus (vgl. V. 12) führen unmittelbar zum Glauben. Sogar die Erscheinung der Engel bleibt in einem merkwürdigen Zwielicht. Hoffnung auf Befreiung, jüdischer Messiasglaube, die Kunde vom leeren Grab und selbst Erscheinungen (V. 18ff) werden in einer unerhörten Weise „relativiert". Lukas weiß um ihre Nützlichkeit und Unentbehrlichkeit, aber sie schaffen noch kein „Erkennen", keinen Glauben. Die Augen können gehalten sein, auch wenn man sehr genau um dies alles weiß.

So nimmt der Evangelist das ganze Ostergeheimnis in die Emmaus-Erzählung hinein. Darum darf man die Geschichte auch nicht vom übrigen Osterkapitel trennen. Und schließlich darf man nicht vergessen, daß die ausführliche Emmaus-Erzählung die Hälfte des Schlußkapitels – auf ihm liegt ein besonderer Akzent – im Evangelium des Lukas darstellt.

Das Ärgernis des sterbenden Messias

Auf dem Höhepunkt der Verwirrung nimmt die Geschichte eine plötzliche Wende. Der unbekannte Fremde hat lange genug zugehört. Er kennt jetzt die Sorgen seiner Weggefährten. Die Antwort zerbricht ihre bisherigen Vorstellungen. Sie wollten Jesus in der Weise gegenwärtig erfahren, wie sie ihn in seiner irdischen Existenz und nach ihren eigenen Erwartungen kannten. Danach sollte er seine messianische Macht in dieser Zeit erweisen, fern von Leiden und Tod. „O ihr Unverständigen und Schwerfälligen im Herzen, um all dem zu glauben, was die Propheten gesagt haben! Mußte nicht der Messias dies alles leiden und so eingehen in seine Herrlichkeit?“ (V. 25/26).

Das Unverständnis der Jünger wird am entscheidenden Punkt korrigiert, daß nämlich die Tatsache des Sterbens sie an seiner Messianität zweifeln ließ. Das ungenügende Christusbekenntnis der Jünger in populären prophetischen Kategorien wird berichtigt. Es geht Lukas nicht nur darum, *daß* Jesus der Messias war, sondern *wie* er es war. Jesus mußte *als* der Christus leiden. Darum ist der Christustitel bei Lukas engstens mit den Leidensaussagen verknüpft. Das Paradox wird in seiner Einheit festgehalten: Der zur Herrlichkeit bestimmte Kyrios ist der in Leid und Tod erniedrigte Mensch Jesus.

Deutung durch die Schrift

Dieser Tod des Messias bleibt anstößig. Der Auferstandene sucht ihn heilsgeschichtlich von der ganzen Schrift her in seiner Unbegreiflichkeit aufzuhellen. „Und ausgehend von Mose und allen Propheten deutete er ihnen, was in allen Schriften sich auf ihn bezieht" (V. 27). Das Ärgernis und die Schrecklichkeit der Kreuzigung Jesu werden, wie in den ältesten Passionserzählungen und Deutungen seines Todes, unter Rückgriff auf die Verheißungen des Alten Bundes verstehbar gemacht.

Mit dieser Auslegung des Todes Jesu von der Schrift her verbinden sich zwei weitere wesentliche Gedanken. Die Berufung auf Mose und die Propheten erweist, daß die Verheißungen Gottes im Jesusgeschehen erfüllt sind. Die Folgerichtigkeit und das Eintreffen dieser Verheißungen offenbaren erst den Willen Gottes, seine Absichten in der Geschichte und die Wege des Heils. Was die Menschen „töricht" finden und auch die

Jünger in ihrem Kleinglauben nicht verstehen, hat im ewigen Ratschluß Gottes seinen verborgenen Sinn: „*Mußte* nicht der Messias das alles leiden …?“

Wirkliches Verstehen?

Wiederum steht die Erzählung vor einer entscheidenden Wende. Auch das, was der unbekannte Fremde seinerseits an belehrenden Worten bringt, kann zwar äußerlich vernommen, muß aber darum noch nicht von innen verstanden werden. Wenn dies für die bisher berichteten Ereignisse der Passion und Auferstehung galt, so trifft dies zunächst auch für die Schrift selbst zu. Das belehrende Wort vermag offensichtlich für sich allein noch nicht die Augen zu öffnen. Das ganze Osterkapitel weist in wohlüberlegter Stufung und Dosierung auf die entscheidende Bedeutung des Schriftzeugnisses für das Verständnis von Tod und Auferstehung Jesu Christi hin: Die Engel erinnern am Grab an die Worte Jesu (V. 5 ff), der Auferstandene weist selbst auf die Schrift hin (V. 25 ff). Was gehört aber noch zum wirklichen Verständnis der Schrift?

Bleibe bei uns

Die Antwort auf diese Frage wird leicht verzögert. „Als sie sich dem Dorfe näherten, in das sie gehen wollten, tat er so, als wollte er weitergehen" (V. 28). Das Zögern Jesu läßt noch einmal die unentschiedene Schwebe zwischen seinem Unbekanntbleiben und dem Unverständnis der Jünger sichtbar werden. Der Ausgang und der Sinn des Zusammentreffens und des Weggesprächs stehen auf des Messers Schneide.

Die Jünger drängten ihn und sagten: „Bleibe bei uns, denn es wird Abend und der Tag hat sich schon geneigt" (V. 29). Das Wort der Wanderer stellt zunächst eine Einladung an Jesus dar. Insgeheim wird sie aber zu einer dringlichen Bitte, ja zu einem Gebet: Jesus soll *bleiben*. An dieser Stelle gelangt die Erzählung auf ihren eigentlichen Höhepunkt und dreht sich in ihren Angeln.

Mahlgemeinschaft mit dem Herrn

Je näher die Jünger dem „Erkennen" kommen, um so mehr verlangen sie auch nach Gemeinschaft mit dem Auferstandenen. Darum bleibt Jesus bei ihnen. Bisher sind sie nebeneinander gegangen. Jesus gibt der Wiederaufnahme der Gemeinschaft mit den Jüngern Ausdruck im Mahl. Der alte Streit mit der problematischen Alternative, ob es ein Sättigungsmahl oder eine Eucharistie gewesen sei, ist letztlich grundlos. Eindeutig handelt es sich um eine Sprache, die in der Überlieferung von der Einsetzung des Abendmahls verwurzelt ist: „…nahm er das Brot, sprach den Segen, brach es und gab es ihnen“ (V. 30). Das gemeinsame Mahl will als Eucharistie verstanden werden. Wie im 21. Kapitel des Johannesevangeliums bezeugt der Mahlbericht auch hier eine große Offenheit auf ein sakramentales Verständnis.

Das Geben Jesu ist offensichtlich die alles beherrschende Mitte. Der Herr gibt sich im Mahl. Die irdische Gemeinschaft, die Tischgemeinschaft Jesu und das vorösterliche Abendmahlsgeschehen kommen in Erinnerung. Die Mahlgemeinschaft offenbart nun bei aller Differenz der Gegenwartsweise: Er ist derselbe. Aber es ist nicht die Präsenz des irdischen Jesus. Seine Gegenwart kann nicht festgehalten werden. Nicht zuletzt darum entschwindet der Auferstandene (V. 31).

Die Emmaus-Erzählung spricht freilich auch von der nachösterlichen Gemeindeerfahrung her. Das Geben Jesu weist auf die eucharistische Feier der Gemeinde. Sein einmaliges Geben wird fortgeführt im Austeilen der eucharistischen Gaben in der Gemeinde und in ihrem brüderlichen Leben. Die Gemeinde erblickt in der Eucharistie die gewandelte Fortsetzung und vorläufige Erfüllung der Gemeinschaft mit dem irdischen Jesus.

Eucharistisches Erkennen

Die Erzählung vermerkt am Ende nochmals ausdrücklich, daß den Jüngern beim Brotbrechen die Augen aufgegangen sind (V. 35). Das „Erkennen“ Jesu geschieht also in engstem Zusammenhang mit der Eucharistie. In ihrem Vollzug erkennen die Jünger Jesus wieder. Das Motiv der Wiedererkennung ist also dem glaubenden Erkennen bei der eucharistischen Mahlgemeinschaft untergeordnet. Das Geben Jesu bewirkt das Erkennen seitens der Jünger. Dieses

Ereignis darf jedoch nicht zuerst ursächlich auf eine vom Geber getrennte Gabe bezogen werden. Es wird nicht gesagt, daß die Darreichung der Gaben die Augen öffnet. Vielmehr kommt es darauf an, daß die Jünger erkennen, daß der auferstandene und erhöhte Herr sich in anderer und neuer Weise den Seinen schenkt. Was den Jüngern bisher fehlte und auch im Weggespräch nicht zustande kam, war die personale Begegnung mit dem Auferstandenen. Lukas verwendet dafür wiederum das Wort „Erkennen" und spricht davon, daß den Jüngern die Augen aufgingen. Er hebt also auf eine wirkliche Erkenntnis ab, die freilich den ganzen Menschen einfordert und beteiligt. „Brannte nicht unser Herz in uns, während er auf dem Wege mit uns redete und uns die Schrift aufschloß?" (V. 32). Gleichwohl geht es nicht um einen allgemeinen Glauben, für den das gemeinsame eucharistische Mahl und die in ihm gestiftete Gemeinschaft nur „symbolisch" wäre: Das Mahl vermittelt den Osterglauben.

So wichtig die Kenntnis der Schrift ist, sie allein bewirkt noch nicht das „Erkennen" Jesu Christi, wiewohl sie die letzte und wichtigste

Vorbereitung darauf ist. Das Verstehen wird ermöglicht, indem Gott die Augen öffnet. Aber Gott muß auch „den Sinn für das Verstehen der Schriften" aufschließen (vgl. V. 45).

Zwei Pole: Schriftverständnis und Eucharistie

So zeigt sich, daß die Emmaus-Erzählung beim gläubigen Erkennen Jesu seitens der beiden Jünger zwei Gipfelpunkte hat: Schriftverständnis und eucharistisches Mahl. Erst die Annahme des Schriftzeugnisses und das eucharistische Sichmitteilen des Herrn ermöglichen das „Erkennen" des Auferstandenen. Das Mahl verleiht dabei in besonderer Weise die Erfahrung der Gegenwart des Herrn. Das Schriftverständnis und die eucharistische Gemeinschaft erzeugen also nicht nur die Erkenntnis, daß dieser unbekannte Fremde der verlorengeglaubte und gesuchte Jesus der Christus ist, sondern sie vermitteln auch eine neue Weise der Anwesenheit Jesu: die ganz andere Gegenwart des erhöhten Herrn inmitten der Seinen.

Nachösterlicher Glaube an den Auferstandenen

Damit enthüllt sich eine erste theologische Zielrichtung der Erzählung. Sie antwortet auf die verborgene Frage, wie denn der Jünger, der nicht Augenzeuge der Ostererscheinungen im engeren Sinne geworden ist, zum Glauben an den Auferstandenen gelangen kann. Der „Jünger zweiter Hand“, wie S. Kierkegaard ihn nennt, kennt nicht die „Evidenz“ der nach Lukas „vorherbestimmten“ Zeugen der ersten Stunde. Die Emmaus-Erzählung gibt die Antwort, daß die Schrift und das eucharistische Mahl den entscheidenden Zugang zum „nachösterlichen“ Glauben an den Auferstandenen darstellen. Alles sonstige „Wissen“ ist nicht unnütz, hilft aber auch von sich aus nicht weiter. Erinnern wir uns, daß in den Augen des Evangelisten dazu auch die Kunde vom leeren Grab und die deutenden Engelsworte gehören. Im Wort und Sakrament kommt die Begegnung mit dem Auferstandenen nachösterlich zustande. Die „Jünger zweiter Hand“ entbehren dabei nicht der Unmittelbarkeit der Begegnung: *Er* selbst erschließt sich im Wort der Schrift und im Brotbrechen.

Der Osterruf an die Zurückkehrenden

Die Emmaus-Erzählung ist damit jedoch noch nicht an ihrem Ende. Die beiden Jünger brechen sofort auf, kehren nach Jerusalem zurück und treffen die Elf und die übrigen Jünger versammelt beieinander. Merkwürdigerweise kommen die beiden Wanderer bei ihrer Rückkehr nicht sofort zu Wort, vielmehr rufen die Zurückgebliebenen ihnen zuerst entgegen: „Der Herr ist wirklich auferstanden und ist dem Simon erschienen!" (V. 34). Erst dann können die beiden Jünger von ihren Erfahrungen unterwegs berichten.

Der freudige Osterruf „Der Herr ist wirklich auferstanden und ist dem Simon erschienen!" gehört wohl zu den ältesten uns erreichbaren Bekenntnisformulierungen von der Auferstehung des Herrn. Er ist sicher vom ältesten kerygmatischen Sprachgebrauch her geformt, wenn er auch vielleicht eine Umprägung in Richtung eines jubelnden „Rufes" erfahren hat. Dieses Bekenntnis darf keineswegs vom Ganzen der Erzählung losgetrennt werden. Wenn wir uns erinnern, daß die Erzählung während des

Weggesprächs eine Reihe von christologischen Bekenntnisüberlieferungen anführt, so wird ihre lockere Reihe nun ergänzt und vollendet.

Emmaus als „kirchliche" Ostererfahrung

Das Osterbekenntnis der Elf und ihrer Gefährten in Jerusalem steht nicht im Verhältnis eines gleichgültigen Nebeneinanders zu der Ostererfahrung der Emmaus-Wanderer. Ihr österliches Widerfahrnis wird auch nicht durch jenes Bekenntnis abgewertet. Aber es erhält durch den Osterruf Gewißheit. Die Wahrheit der Emmaus-Erfahrung wird aufs stärkste unterstrichen. Der Glaube der Emmaus-Jünger bedeutet kein „privates" Erlebnis, sondern ist identisch mit dem Bekenntnis *der* Kirche.

Die Erfahrung und der Bericht der Emmaus-Wanderer wird bei Lukas also vom apostolischen Zeugnis der Auferstehung Jesu Christi umgriffen und in es hineingenommen. Damit wird die Emmaus-Geschichte selbst ein Bestandteil der Ostererfahrung der apostolischen Kirche. Die spätere Kirche darf sich also auch auf dieses österliche Zeugnis berufen.

„Jerusalem" ist für Lukas das Symbol der Kontinuität zwischen der Zeit des irdischen Jesus und der Zeit der entstehenden Kirche. Als Ort des Todes und der Auferstehung des Herrn ist es nicht nur die Stadt heilsgeschichtlicher Erfüllung, sondern in einem theologischen Sinn die Stätte der jungen Kirche. Der Kreis der Elf und ihrer Gefährten in Jerusalem, dieser „Kreis der Brüder", ist das Zentrum der jungen Kirche und zugleich ihr bleibendes Urbild. Darum kehren die Emmaus-Wanderer nach Jerusalem zurück. Erst dort endet ihr Weg.

So wird auch verständlich, warum die in Jerusalem Zurückgebliebenen den beiden Wanderern das Bekenntnis zurufen, nicht umgekehrt, wie man es vermuten möchte. Die Auferstehungsbotschaft hat gerade nach Lukas ihren festen Ort im Umkreis der amtlich bestellten und legitimierten Apostel als seiner Erstzeugen. Aber auch innerhalb dieses amtlichen Osterzeugnisses gibt es nach Lukas nochmals eine gewisse Stufung, denn Petrus besitzt als eigentlicher Bürge der Osterereignisse bei Lukas – aber nicht nur bei ihm (vgl. den 1. Korintherbrief 15, 5) – einen besonderen Vorrang: „Der Herr ist wirklich auferweckt worden und ist dem *Simon* erschienen (V. 34, vgl. auch V. 12).

Das Bleiben des Auferstandenen für immer

Lukas verbindet bewußt die Ostererfahrung der „Jünger zweiter Hand“ mit dem Zeugnis der apostolischen Repräsentanten. Der Osterglaube der Emmaus-Jünger wird vom apostolischen Osterbekenntnis bestätigt und in dieses aufgenommen. Es wird darum authentisch auch für spätere Generationen. Das apostolische Osterzeugnis erfährt aber auch seinerseits eine elementare Bereicherung, denn die Emmaus-Erzählung antwortet, auf welchem Weg der Jünger Jesu Christi, der nicht zum Kreis der amtlichen Osterzeugen gehört, „nachösterlich“ an den Auferstandenen glauben kann. Das Evangelium will so die „Geschichte Jesu Christi“ erzählen, daß das Leben der Kirche und der Christen auch künftig von ihr her maßgebend und beispielhaft erhellt wird. So wird auch die Emmaus-Erzählung durchsichtig für den Glauben der Kirche aller Zeiten.

Dabei geht es um ein Zweifaches, das freilich

eng zusammengehört: Auch den Menschen, denen nicht ein unmittelbares Erstzeugnis des Auferstandenen zuteil wurde, ist in einer anderen Situation ein unverstellter Zugang zum Wesen des Osterereignisses möglich. Die personale Begegnung mit dem auferstandenen Herrn geschieht entscheidend im Wort der Schrift und im Sakrament der Eucharistie. Der erhöhte Herr gibt sich gegenwärtig in der zum Hören des Wortes und zum eucharistischen Mahl versammelten Gemeinde. Und dies bedeutet zugleich eine Erklärung dessen, was die Gemeinde beim Nachvollzug des Handelns Jesu in der Eucharistie feiert: Über der Eucharistie liegt österliches Licht. Über die Zeit der Augenzeugen und der „von Anfang an“ Dabeigewesenen hinaus bleibt die Ostererfahrung der Kirche im Verstehen der Schrift und in der Eucharistie geschenkt. *So bleibt Jesus.*

Die Emmaus-Erzählung ist eine Botschaft von kaum zu überschätzender Bedeutung für die modernen Fragen und Zweifel gegenüber dem Ostergeheimnis. Sie zeigt, warum und vor allem wie man auch heute an den Auferstandenen glauben kann. Die Kirche selbst kann nichts anderes tun, als diesem Glauben durch die Verkündigung des Wortes Gottes in der Schrift und durch die eucharistische Feier des Vermächtnisses Jesu Nahrung und Raum für seine Entfaltung zu geben. Die Emmaus-Erzählung begründet, warum die Kirche von der Person und dem Werk Jesu Christi her, vermittelt durch den Geist, auf das Wort Gottes und die Eucharistie aufgebaut ist.

IV

Jesu Christi Himmelfahrt und die Hoffnung der Welt

Wir brauchen das Thema und die Perspektiven dieser Meditation nicht weit herzuholen, sondern lassen sie uns von unserer Situation mit ihren Nöten und Aufgaben, aber noch mehr vom Anruf der Gnade und vom Wort Gottes her vorgeben. Wir wissen um die Trauer und Angst, die Nöte und Sorgen vieler bedrängter Menschen, wir selbst bringen angesichts der uns gestellten Aufgaben unsere eigene Schwäche und Uneinigkeit mit; aber wir bestimmen mit unseren Fragen und Zweifeln höchstens den Frontraum, die Antwort spricht Gott uns zu, wenn wir nur entsprechend hinhören. Sie ist uns schon zugesagt. „Seid allezeit bereit, jedermann Rede und Antwort zu stehen, der wegen der Hoffnung, die euch beseelt, Rechenschaft von euch fordert“ (1. Petrusbrief 3, 15).

Das Geheimnis des Festes der Himmelfahrt Jesu Christi ist groß. Wir wollen nur dem Zusammenhang zwischen der Himmelfahrt und unserer christlichen Hoffnung für diese Welt nachdenken. Die Erhöhung des Herrn soll uns zur Sprachschule der Hoffnung werden.

Ferner Gott?

Geben wir es sofort zu, daß uns dieses Fest der Christenheit nicht bloß Schwierigkeiten schafft, sondern sogar unsere Zweifel verstärkt. Was kann uns ein in die Ferne entschwundener „Erlöser“ bedeuten, wenn es darum geht, mit den immer größer werdenden Nöten und Sorgen unserer Welt fertig zu werden? Ist „Himmelfahrt“ nicht der treffende Ausdruck dafür, daß unsere Welt mit der Gestalt und Person Jesu Christi fortan nichts mehr zu tun hat? Beginnt nicht schon mit diesem Fest die Feier des Todes Gottes, der sich durch dieses Ereignis dem Interessenbereich und der Lebenswirklichkeit der Menschen anscheinend ganz entzieht?

Resignation und Melancholie

Wir sind nicht ganz allein mit diesen Zweifeln und der enttäuschten Hoffnung, die aus ihnen spricht. In ihrer Situation fragten die versammelten Jünger in nicht unähnlicher Weise: „Herr, ob du jetzt wohl, in dieser Zeit, für Israel das Reich wiedererrichten willst?“ (Apostelgeschichte 1,6). Haben wir nicht schon lange gehofft, daß das Reich der Wahrheit, der Gerechtigkeit und der Liebe nun schlagartig in unsere Geschichte einbricht und sie aus ihren uralten Angeln hebt? Möchten wir nicht endlich mit dem Schwert dreinschlagen und so das Reich herbeizwingen: die Überwindung von Lüge und Schein, das Ende des Profitgeistes und des ewigen taktischen Spiels, aber auch das Aufhören von Eigensinn und Auflehnung, von Dissonanzen und Auseinandersetzungen?

Dies ist *unsere* Hoffnung vom Reich Gottes. Wir sind schon so oft von ihr enttäuscht worden, weil unser Einsatz dafür nicht das auslöste, was verheißen ist: Wer das Böse mit Zwang ausrotten will, sät neue Gewalt. Wer die Wahrheit durch äußere Machtmittel durchzusetzen gedenkt, verzerrt sie und erzeugt im besten Fall Heuchelei. Wer den Frieden mit dem Schwert bringt, wird schuldig am Blut seines Bruders, zumal des unschuldigen. Weil wir diese tristen Erfahrungen haben, sind die Netze unserer Hoffnung vor lauter Resignation und Melancholie nicht mehr weit gespannt.

Das kleine Maß

Wir begnügen uns gar leicht mit dem nächsten „Erfolg“: das befriedigte Abhaken erledigter Termine, das Glück nur der nächsten Stunden, die Minderung des Elends nur für die Allernächsten. Das Maß der Hoffnung kann auch gegenüber den eigenen Erwartungen entsetzlich klein und engstirnig werden. Darin bezeugen sich nicht nur Ratlosigkeit und Unsicherheit, sondern auch die Verführung zur müden Resignation und gar zur bequemen Untätigkeit. Spüren wir nicht – zumal in diesen Jahren –, wie der große Wurf der kühnen Hoffnungsziele bleischwer wieder auf die Erde fällt? In der großen und kleinen Politik, in der nachkonziliaren Kirche und in unseren eigenen Plänen? Stehen wir nicht entnervt und gelangweilt herum wie die Jünger bei Jesu Christi Himmelfahrt: „Und als sie noch dastanden und ihm nachblickten, wie er zum Himmel auffuhr, siehe, da standen zwei Männer bei ihnen, blendend weiß gekleidet, und sagten: ‚Ihr Leute aus Galiläa, was steht ihr da und schaut gen Himmel?'" (Apostelgeschichte 1,10f).

Herr der Welt

Sieht man auf das wahre Geheimnis von Jesu Christi Himmelfahrt, dann können wir leicht entdecken, warum wir uns oft mit unserer eigenen Hoffnung betrügen. Nirgends spricht nämlich das Neue Testament von der Herrschaft Jesu Christi im Sinne einer räumlichen oder zeitlichen Ferne. Seine Herrschaft ist aufgerichtet und angebrochen. Gerade Himmelfahrt will uns sagen, daß der auferstandene Jesus der *Herr* der ganzen Welt ist. Nichts ist davon ausgenommen. Jesus Christus ist nicht mehr den irdischen Lebensbedingungen unterworfen, er hat teil an der verborgenen Lebensmacht Gottes. Damit ist zugleich sein Herrsein über die raumzeitlichen

Schranken seines irdischen Aufenthaltes und seines bisherigen Wirkens entgrenzt. Himmelfahrt lehrt uns, daß mit Ostern die universale Herrschaft des lebendigen Jesus Christus angebrochen ist und unaufhaltsam danach drängt, zu ihrem Ziel zu kommen. Darum geht es gerade nicht um den fernen, uns völlig entrückten Jesus Christus, sondern in einer eigentümlichen Dialektik schenkt sich der unseren irdischen Augen entzogene Herr in eine neue Nähe und in eine unvergleichliche Gegenwart.

Die Macht der suchenden Liebe

Nur wenn wir sehen, welche Herrschaft sich hier durchsetzt, verstehen wir auch die eigene Gestalt unserer christlichen Hoffnung. Der sein Dasein in rückhaltloser Solidarität mit den Verlorenen teilt und sein Leben zum Erweis seiner Sendung in den Tod gab, in dieser grenzenlosen Liebe aber die Macht des Todes als des letzten Feindes des Menschen überwunden hat, ist der wahre Herrscher. Seine Macht hat darum einen anderen Charakter als alles, was in der Welt Herrschaft heißt. Seine Herrschaft erscheint durch den Verzicht auf Gewalt und das Erleiden des gewaltsamen Prophetengeschicks wie pure Ohnmacht. Hier dreht sich die Welt, wenn sie nur will, in ihren Angeln. Hier ist eine Herrschaft am Werk, die es zwar mit Macht, aber keineswegs mit irgendeinem Zwang zu tun hat, sondern sich durch Überzeugung, Vertrauen und Einsatz des eigenen Lebens Bahn bricht. Die vorbehaltlose Hingabe im beispiellosen Gehorsam an den Vater und sein Tod für das Leben der Welt bilden den Wurzelgrund seiner Herrschaft. Man erkennt diese eigene Macht daran, daß sie die suchende Liebe ist. Jesu Christi Herrschaft kann darum niemand bestreiten, und sie wird ewig dauern, weil diese unermüdliche Sorge der suchenden Liebe nicht übertroffen werden kann. Nur solange unsere Hoffnung auf diesem Lebensboden steht und von dieser Kraft Jesu Christi genährt wird, ist sie in allen Schwächen und Niederlagen am Ende unenttäuschbar.

Neuer Mut zu nüchterner Hoffnung

Jesu Christi Himmelfahrt zeigt, daß diese weltüberwindende Hoffnung nicht reine Zukünftigkeit ist, sondern zuerst unsere Gegenwart zu ihrem Ziel hat. Christliche Hoffnung ist auf eine nicht vordergründig sichtbare, aber die ganze Welt tragende und umfassende Wirklichkeit Gottes gebaut, die allein zukunftsmächtig ist. Weil Jesus Christus, der selbst die brutale Gewalt des Bösen erlitten und die todbringende Schwere unseres Daseins erfahren hat, unser Herr ist und weil seine Herrschaft sich in der Macht der suchenden Liebe bezeugt, darum dürfen wir die akuten Probleme und die zahllosen Nöte unserer Welt nicht aus den Augen verlieren. Die christliche Hoffnung wird in ihrer Mächtigkeit daran erkannt, daß sie in ihrer Zuversicht auf die letzte Vollendung durch Gott ein Höchstmaß des nüchternen Realismus aufbringt, sich der widrigen Wirklichkeit mit offenen Augen zu stellen und sich auch durch kleinste Schritte nach vorne hin abzuarbeiten. Weil sie nichts zu fürchten braucht als ihr eigenes Versagen, hat die christliche Hoffnung Zeit und Geduld für das Kleinste, das Vergessene und den geringsten „Fortschritt", wenn er ein solcher ist.

Heil im Kreuz der Gegenwart

Der Anbruch der universalen Herrschaft Jesu Christi mahnt, den erwartenden Blick der Hoffnung auf die Erfüllung nicht fluchtartig über die Gegenwart hinweggleiten zu lassen. Eine Hoffnung, die sich nicht dem wahren Kreuz der Gegenwart stellt, führt zur Schwärmerei oder wird zur Ausflucht und endet schließlich in Resignation. Wo das Pathos der Zukunft schwingt, darf die Hoffnung am allerwenigsten die Gegenwart überspringen, auch wenn diese noch so verworren, unfruchtbar und gar schäbig erscheint. Hier müssen wir immer wieder in der Verantwortung nüchterner christlicher Hoffnung eine Warnung B. Pascals in der Erinnerung behalten: „Wir halten uns nie in der Gegenwart. Wir nehmen die Zukunft vorweg, als ob sie zu langsam käme ... Wenn jemand seine Gedanken prüft, so wird er alle von der Vergangenheit oder der Zukunft erfüllt finden. Wir denken fast nie an die Gegenwart; und wenn wir schon einmal an sie denken, dann nur um ihr das Licht für die Dispositionen auf Zukunft zu entnehmen. Die Gegenwart ist nie unser Ziel: Vergangenheit und Gegenwart sind unsere Mittel; allein die Zukunft ist unser Ziel. So leben wir nie, sondern hoffen nur zu leben; und so ist es unvermeidlich, daß wir, indem wir immer für das Glück arbeiten, niemals glücklich sein werden" (Fragment Br. 172).

Herrschaft Gottes durch unser Zeugnis

Gottes Macht ist anders als unsere Weise von Herrschaft. So gehört es auch zu seinem großen und immer wieder unergründlichen Geheimnis, daß er die Hoffnung der Welt in einem so hohen Maß der Freiheit von uns endlichen Menschen anvertraut hat. Die Macht der suchenden Liebe Gottes will durch unsere Hände zu ihrem Ziel kommen.

Vielleicht leuchtet das Licht der christlichen Hoffnung so schwach, weil wir dieser elementaren Verantwortung ausweichen, daß Gott, ja Gott, buchstäblich *Menschen braucht.* Und darum ist alle Rede von der „Macht" und der „Herrlichkeit" Gottes zutiefst vom Ungeist und von der Unwahrheit eines geheimen Triumphalismus geprägt, wenn nicht zugleich dem gekreuzigten Herrn rückhaltlos gedient wird.

Noch einmal wird auch dieser Zug in der Himmelfahrtsgeschichte überdeutlich. Den Jüngern, die in ihrer falschen Erwartung des Reiches zwischen Aktionismus und Untätigkeit ratlos dem entschwindenden Herrn nachsehen, gilt ebenso wie den Glaubenden von heute das Wort: „Ihr sollt meine Zeugen sein in Jerusalem, in ganz Judäa und Samaria, ja bis ans Ende der Erde" (Apostelgeschichte 1,8). Wo die angebrochene universale Herrschaft Jesu Christi als reale Hoffnung zum Heil der Welt begriffen wird, lautet die einzige Antwort: selbstvergessene Annahme der uneingeschränkten Sendung in alle Winkel und Untiefen der Welt. Ostern und Himmelfahrt sind ebenso wie unsere Hoffnung nur voll verstanden, wenn dieser Ruf Jesu Christi zum Zeugnis in aller Welt durch die Tat unseres Lebens Wirklichkeit wird.

Bedingungen irdischer Hoffnung

Jesus Christus hat sein irdisches Leben vollendet. Aber die nun entstehende „Zeit der Kirche" ist nicht der leere und gleichgültige Geschichtsverlauf zwischen Ostern und der Wiederkunft

Christi. Gerade die Erzählung der Himmelfahrt Jesu Christi kann uns lehren, wie die Herrschaft Gottes in dieser Zeit die Erde verwandeln möchte. Wahre Hoffnung ist eine gestaltende Kraft, von der ich nicht bloß für mich zehre, sondern die dann zu ihrer höchsten Wirksamkeit kommt, wenn sie sich im Erlöschen des eigenen Lichts für das Leben der Welt verzehrt. Wahre Hoffnung führt uns im Ergreifen der Gegenwart auf den Weg nach vorn, weiß jedoch zugleich, daß es in dieser Welt keine Vollendung geben wird. Darum ist sie sich der Vorläufigkeit und der Revidierbarkeit all ihres Tuns bewußt. Sie weiß um die Notwendigkeit der kleinsten Schritte und hat dennoch den längsten Atem.

Segen und Sendung

Kirche, Gemeinde und Gemeinschaft der Glaubenden gibt es nur, weil wir Christen aufgrund der göttlichen Verheißung die gläubige Hoffnung haben, daß der lebendige Herr aller Geschichte in unserer Versammlung gegenwärtig sein will und ist. Dies geschieht in unserem Arbeiten und Beten, und wir hoffen es wenigstens, daß er auch insgeheim unsere Auseinandersetzungen zum Erreichen seines Zieles nützt. Wo die Erfahrung der eigenen Armut und Ohnmacht drückt, werden uns das inständige Gebet und das bittende Flehen um seine wirksame Gegenwart nicht schwer werden. Auch hier gilt es ein letztes Mal die Augen für die volle Wirklichkeit dieses Festes von Christi Himmelfahrt zu öffnen. Der Herr, der in das Geheimnis der Wolke entrückt wird und sich unseren irdischen Augen entzieht, läßt uns nicht als Waisen zurück. Indem er entschwindet, erhebt er seine Hände über uns und gibt uns als erstes Zeichen seiner lebendigen Gegenwart den bleibenden Segen. Und erst dann sind wir durch seinen Geist gerüstet, die Falschbilder unserer trügerischen Hoffnung mit all ihrer Faszination und ihrer verführerischen Kraft zu entziffern und ihnen zu widerstehen.

Freiheit durch Anbetung

Das Gelingen der christlichen Hoffnung hängt davon ab, wieweit wir in Jesus Christus Gott als den einzigen Herrn unseres Lebens erkennen und anerkennen. Darum tun die Apostel im Lukasevangelium bei der Himmelfahrt Jesu Christi nach all ihren Zweifeln, ihrer Verwirrung und Ratlosigkeit etwas, was sie noch nie getan haben: Sie fallen vor ihm nieder und beten ihn an. Die Kraft und die Widerstandsfähigkeit unserer Hoffnung hat ihr Maß in der Tiefe der Anbetung, denn nur in ihr werden wir wirklich frei von unseren Götzen und offen für den Gott der Hoffnung.

HINWEISE

Gelitten unter Pontius Pilatus, gekreuzigt, gestorben und begraben geht auf einen Rundfunkbeitrag innerhalb der Sendereihe „Ich glaube“ des Bayerischen Rundfunks (12. Januar 1975) zurück. Er wurde zusammen mit den übrigen Auslegungen der einzelnen Artikel des Apostolischen Glaubensbekenntnisses vom Leiter des Kirchenfunks des Bayerischen Rundfunks herausgegeben: W. *Sandfuchs (Hrsg.),* Ich glaube. Vierzehn Betrachtungen zum Apostolischen Glaubensbekenntnis (Würzburg 1975) S. 51–64.

Licht vom äußersten Ende der Finsternis ist unter derselben Überschrift (Untertitel: Ostern und der Abstieg Jesu in das Totenreich) erschienen in: Rheinischer Merkur. Wochenzeitung für Politik, Wirtschaft und Kultur, 30. Jahrgang 1975, Nr. 13 (Ostern) S. 21. – Die in der Meditation öfter angeführten Überlegungen Hans Urs von Balthasars zur Theologie des Karsamstags finden sich in: *H. U. von Balthasar,* Theologie der drei Tage (Einsiedeln 1969), bes. S. 103 ff. Der Kundige wird merken, wieviel der Verfasser diesen und anderen Gedanken H. U. von Balthasars zum Höllenabstieg Jesu Christi verdankt.

Die Emmaus-Erzählung wurde im Anschluß an eine Predigtskizze eigens für diese Veröffentlichung ausgearbeitet. Außer den einschlägigen Gesamtdarstellungen der Fragen zur Auferstehung Jesu Christi ist diese Meditation in besonderer Weise den Forschungen des Erfurter Exegeten Joachim Wanke (Schüler von Heinz Schürmann) verpflichtet, vgl. *J. Wanke,* Die Emmauserzählung. Eine redaktionsgeschichtliche Untersuchung zu Lk 24,13–35 = Erfurter Theologische Studien 31 (Leipzig 1973); ders., Beobachtungen zum Eucharistieverständnis des Lukas auf Grund der lukanischen Mahlberichte = Erfurter

Theologische Schriften 8 (Leipzig 1973). J. Wankes Monographie zur Emmausgeschichte enthält die wichtigste Literatur und stellt mit Abstand die gründlichste Untersuchung zu Lk 24, 13–35 dar. – Zum hier vertretenen Ansatz einer Deutung der Erscheinungen des Auferstandenen vgl. die Meditation „Die Erscheinungen des Herrn", in: *K. Lehmann,* Jesus Christus ist auferstanden. Meditationen (Freiburg 1975, ²1976) S. 78–91, 96.

Jesu Christi Himmelfahrt und die Hoffnung der Welt war ursprünglich eine Meditation bei der Eröffnung der 7. Vollversammlung der Gemeinsamen Synode der Bistümer in der Bundesrepublik Deutschland am 7. Mai 1975 im Dom zu Würzburg. Die vollständige Fassung wurde veröffentlicht in: SYNODE. Amtliche Mitteilungen der Gemeinsamen Synode der Bistümer in der Bundesrepublik Deutschland, 1975, Heft 4, 30. Juni 1975, S. 93–95; Teilabdrucke erfolgten in verschiedenen Tages-, Wochen- und Kirchenzeitungen. – Der Text ist bezüglich der Einleitung und des Schlusses verändert. Die Absicht der Meditation sollte sein, die Beratungen der 7. Vollversammlung der Gemeinsamen Synode in einen inneren, geistlichen Zusammenhang mit dem Fest der Himmelfahrt Jesu Christi zu bringen. Im Vordergrund stand dabei die unmittelbar bevorstehende 1. Lesung der Synodenvorlage „Unsere Hoffnung". Die Meditation verstand sich so zugleich in ihrer Form als ein Beitrag zu den Perspektiven dieser Synodenvorlage. – Die vorliegende Veröffentlichung empfing Anregungen aus einer Rundfunkpredigt (Südwestfunk 7. Mai 1970) zu Christi Himmelfahrt von Prof. Dr. Ferdinand Hahn. Diese ist jetzt veröffentlicht in: *F. Hahn,* Mainzer Predigten. Mit Thesen: Zur gegenwärtigen Aufgabe der Predigt = Göttinger Predigtheft 29 (Göttingen 1972) S. 110 bis 117. Dankbar benutzt wurde auch die große Monographie von *G. Lohfink,* Die Himmelfahrt Jesu. Untersuchungen zu den Himmelfahrts- und Erhöhungstexten bei Lukas = Studien zum Alten und Neuen Testament 26 (München 1971).